거룩한 식사

장혜영 시집

북베베

시인의 말

어머니는 글 쓰는 것을 말리셨다.
밥이 생기냐, 떡이 생기냐,
쓸데없는 짓을 한다고 안쓰러워하셨다.
그럴 땐 죽이라도 되는 글을 쓰고 싶었다.
나에게 글은 정서적인 밥이자 떡이라는 걸
어머니는 이해하지 못하셨다.
정서적인 양식
변명 같지만 마음에 든다.
오늘은 그것들을 밖으로 꺼내 이웃과 나누고 싶다.
이런 용기에 힘을 실어주실 분들이 있다.
둥근 세월을 함께 가자며 손을 내밀어 주신 분들,
안식처가 되어주신 구순의 어머니.
어머니는 지난겨울 하늘나라로 가셨다.
내 삶의 전부였던 어머니께 이 시집을 바치며,
출간을 도와준 사랑하는 딸에게 고마움을 전한다.

2022년 가을

장 혜 영

거룩한 식사

시인의 말

차례　1부　봄비가 두 살배기 걸음마로 내린다

확인 · 10

깨어난 것들의 뜨거움 · 11

벗는다는 것은 · 12

봄비가 두 살배기 걸음마로 내린다 · 14

어머니와 메주 · 15

불면증 · 16

헛걸음 · 18

열꽃 · 19

한 달간 살아보기 · 20

나팔꽃의 기도 · 21

산동네 골목길 · 22

무슨 일일까 · 24

겨울비는 내리는데 · 26

3호선 5호 칸 · 28

꽃말에 부쳐 · 29

2부 거룩한 식사

거룩한 식사 · 32

불청객과 시 · 34

그 섬의 안부를 묻고 싶다 · 35

고향 가는 길 · 36

일어날 수 있니? · 38

줄 하나 그어놓고 · 40

선착장에서 · 42

사진 한 컷 · 43

어떤 장날 · 44

육쪽 마늘 · 46

전철 노인 · 48

부소산의 달 · 50

장마철의 거미 · 52

소문난 맛집 · 54

이상한 관계 · 56

그러면 · 57

3부 맴도는 말

변산반도 채석강에서 · 60

어디 물길을 따라서 왔을까 · 62

손거울 · 63

강물이 키우는 반디들 · 64

달동네는 달이 먼저 와 산다 · 66

아버지 · 68

시간이란 이름의 강 · 70

하현달 · 72

안과 밖 · 73

보이지 않은 출구 · 74

새가 된 노래 · 76

초원의 이야기 · 77

맴도는 말 · 78

나무는 · 80

딸을 위한 기도 · 82

균형 · 83

4부 안부 전화

안부전화 · 86

정착 · 87

게·걸·음으로 · 88

1978년 그해 겨울 · 90

미역을 물에 담그며 · 92

비 오는 날의 일기 · 94

얼룩 · 96

가지치기 · 97

희망사항 · 98

명언 · 99

사랑한다는 것은 · 100

동짓날 · 103

글을 맺으며 · 104

· 해설
아포리즘을 통한 실존적 질문들 · 106
이경교(시인/명지전문대 문창과 교수)
· 후기 · 117

1부

봄비가 두 살배기 걸음마로 내린다

확인

거기 누구 있나요?
……

문 좀 열어봐요.
……

나비가, 날고 있어요
꽃향기를 가지고 왔어요
봄바람인 걸요.

마스크를 쓰고 왔나요?
그럼요, 그럼요.

문이 열린 동굴 속으로
마스크를 쓴 봄바람이
해 한 덩이 업고
동굴 속으로 들어가네요

깨어난 것들의 뜨거움

누가 순장을 시켰을까
무거운 시멘트 벽돌이 짓눌러도
꽃만 그린 꽃씨 한 개
죽어서도 부활의 날만 꿈꿨습니다
비좁은 틈으로 봄바람이 들어와 키를 낮추면
고개를 쏘옥 내민 작은 민들레
나, 여기 있어요.
여기저기서 터지는 박수소리
어린 새싹들 뜨거운 인사 나누느라
온종일 바쁘답니다

벗는다는 것은

음력 3월 거리는 춥다
떨어진 부스러기를 길 위에서 줍고 가는 시간
채워지지 않는 공허한 무게
골목을 빠져나와 어슬렁거리는 개 한 마리

길을 떠나야 길에서 삶이 보인다는 걸 아는지
옭아맨 목줄을 스스로 끌고 가면서도
오싹한 자유를 즐긴다

개가 지나간 거리에
별들이 묻힌 보잘 것 없는 도시의 밤하늘을
기웃거리는 초승달
버짐나무는 잠을 자야 하는데
자동차는 끝없이 이어지고
가로등은 벗는 시간을 방해한다

가림막이 없는 거리에서
수포처럼 솟은 수많은 유두를 제 살에 키우고
밑동에 입력해 둔 물오를 날짜를 기다리는 나무

바람의 혀가 나무의 허리를 부드럽게 간질일 때서야
아랫도리를 벗는다
밤은, 공룡의 알처럼 부풀어지고 있다

봄비가 두 살배기 걸음마로 내린다

봄비가 두 살배기 걸음마로 내린다

공중에서 무게를 줄인 벚꽃잎들이
가지 끝에서 익힌 순종의 언어는 유희였음을
다급하게 지우며
평형대 위에 자신을 내려놓는다

수직의 시간은 저항할 수 있는 날들인 것을
까맣게 잊고서
하르르 하르르
낭떠러지에 몸을 맡기는
고요한 투신

잠 속까지 파고든 구부러진 어둠을
하얀 살결로 헹구고 헹궈내
송이송이 피어낸 수고를 아는지
두 살배기 걸음마로 내리는 봄비가
가만가만 다가가
뒤척이는 꽃잎들을 다독거린다

어머니와 메주

 뒤바뀐 계절은 거리를 서성이는데 어머니는 곰팡내 나는 메주에서 봄을 끌어내고 계셨다. "너도 제대로 마르지 않고 속에서 곪았구나. 하기야, 그럴 수밖에. 사람이든 물건이든 제자리를 떠나면 자리 티가 나는 법이지." 어머니 손등에 앉은 따사한 볕이 다알리아 구근처럼 동그랗게 뭉쳐 있다. 단단한 메주에 칼끝이 닿을 때 어머니의 손목은 가늘게 떨렸다. 낡은 노끈 같은 힘줄이 솟아오르고는 이내, 공기로 부풀어 있던 오른쪽 어깨가 기우뚱거렸다. 속살이 드러난 메주는 때론 이처럼 부드러운 것을, 이제 메스를 가한 자리에 햇발이 고물고물 어루만지면 메주의 살갗은 꾸들꾸들 아물 것이다. 어머니는 그날을 기억하고 계신 걸까, 아들을 잃고 고향을 등진 시선이 자꾸 서쪽으로 향했다. "얘야, 난 훨훨 날고 싶어, 새처럼." 어머니는 유리로 막힌 베란다 공간에서 깊이를 가늠할 수 없는 상처의 자리를 말리고 계셨다.

불면증
- 신호등

고깔을 쓴 남자의 머리에 까치가 앉았어
사람을 찾는 것일까
횡단보도를 건너는 사람들을 유심히 바라보네

남자도 누군가를 기다리는 듯했어
충혈된 눈을 부릅뜨면
전조등을 켠 차들은 어디론가 쏜살같이 달아나고

한 사내가 다가와 푸른 고시원의 연락처를
남자의 배꼽에 붙여 놓고 골목으로 사라졌어
고딕체로 인쇄된 지게차가 허리를 감싸 안았고
하숙집 번호들이 눈에 띄었어

거리의 중개소가 된 남자는
어지럽게 몸에 입력된 숫자를 외우다 지쳤는지
기침만 쏟아놓았어

어스름마저 깊은 밤으로 숨어들고

잠을 잊는 남자는
일터가 된 건널목을 벗어나지 못하고
누군가를 기다리며 서 있네

손에 쥔 일탈을 몽돌이 되도록
만지작거리는 남자를 떠올리며
나는
머그잔에 물을 따르고

몇 차례 울던 저녁 까치는 보이지 않았어

헛걸음

달새가 그려진 찻집에
달새를 보려고 고개를 디밀었다

비좁고 어두운 실내에 달새는 보이지 않아
노란 주둥이를 빠알간 오미자 찻잔에 묻고
호롱불 밑에서 꾸벅꾸벅 졸고 있는데
어제, 무슨 일 있었나요?
웬 낯선 이가 물었다
아무 말하지 않았다
아무 말도 할 수 없었다

딜새는, 이디 갔나요?
달에게 갔겠죠, 달만 생각하니까.

스스로 달이 되고 달새가 되어가는 손님들

내가 찾는 손님은 달에게 가버렸는지
끝내 오지 않아 찻잔에 담은 주둥이를 빼고
서둘러 찻집을 나왔다

열꽃

너를 보내고
밤새 고열로 앓았다

산이 하룻밤 사이에 훌쩍 컸다
밤이 길러낸 수확이다

어지럽다
어디서 빗소리 들린다
콘크리트 바닥에 튕겨 오르는 빗방울 소리
스며들지 못하는 것들은 소리만 요란하다

한나절 졸음을 주어먹던 잠자리가
담벼락에 기대어 비를 맞고 있다
갈 곳을 순간 잃었나 보다
그것도 더 크기 위한 과정일 거다

너를 보내고
밤새 고열로 앓았다

한 달간 살아보기

가풀막한 길을 오르는 생각에 커튼을 치고
동탁한 가슴에서 길어 올린 글에도 칸막이를 치고
섭식은 챙기고 느슨한 움직임만 허용하고
한 달간 살아보기

자분자분 먼지가 쌓이는 구석은
눈대중으로 짚어보며
철지난 옷가지는 탑으로 쌓고
머지않아 유리창을 스쳐갈 깔따구의 비행에 환호를
보내며 한 달간 살아보기

히루히루기 신호대기에 걸려 시공 속으로 빠져나가지
못하고
아뜩한 열기를 가슴께에 밀어 넣어도
아쉽지 않은 그런 한 달
그렇게 딱 한 달만 살아보기

*깔따구 : 모기를 닮은 생물로 몸길이는 5mm 이하이며 4급수에
　　　　 서식

나팔꽃의 기도

마디마디에
가는 지문을 모아 꼬아 올리고
의지할 곳을 찾으려는 몸짓이 분주해 보여도
나는 뒷짐 지고 바라만 보았다

가는 허리를 곧추세우며
기어이 찾아낸 녹슨 철사 줄
손가락 하나
간신히 걸치고는
휴---

그제야
담벼락에
아침을 밝힐
볼그스름한 심지 정성껏 돋우며
새벽을 기다리는
저
여유---

산동네 골목길

아이들이 떠난 산동네 골목은 심심하다
빈집들을 지키는 몇 마리의 고양이가
지나가는 바람을 붙잡고 씨름을 하잖다

한때는 해를 그리워하는 사람들이
옹기종기 모여들어 해를 머리에 이고 살아가던 곳
세상 밖 이야기를 담고 와
삐뚜름한 담벼락에 늘어놓던 곳
비닐 막 같은 소주잔을 나누며
고된 일과를 털어내던 곳
골목은 회상만으로 울컥한다

낮은 슬레이트 지붕 아래 기댄 담은
낮잠 자다 흘린 침처럼 가늘게 금이 나 있고
그 곁에 붉은 장미 몇 송이
해시시 웃으며 방문객을 맞는다

멀리 보이는 아파트 숲 너머로
숨어버린 아이들을 기다리는지

술래가 된 골목은
다 허물어져가는 장난감 같은 창문들을 들여다보며
등이 휜 허리를 길게 편다

하루살이도 하루를 살아가기 힘들어
쉬었다 가는 산동네는
유난히 가팔라서 느린 저녁이 오고
밤이 되면
곧 재개발로 사라질 동네를 기억하지 않으려고
그 길은 별을 끼고 깊은 잠에 빠진다

무슨 일일까

종이상자처럼 가벼워 보이는
직사각형의 그 집에는
젊은 여자의 새된 소리가 비어져 나오고
슬리퍼를 끌고 현관을 박차고 나온
여자의 남자가
축축한 공기로 가라앉은 집을 맴돈다

언덕을 오르는 동안
흐느낌으로 변한 여자의 휘어진 곡조가
한 겹씩 흘러내려 걸음을 늦추게 한다

생의 한 고비를 울음으로 넘기면
끝내는 희미한 노래로 남을 것이다

노란 별꽃을 하늘에 밀어 올린 개나리가
여린 잎사귀를 내밀어
봄의 정원을 푸르게 하고
구부정한 수은등이
은밀하게 날벌레를 불러 모으고 있다

몸에 닿기만 하면 쓰라렸던 지난날의 바람을
한 움큼 손바닥으로 비비며
손끝으로 골라내는
봄밤,

오늘따라 바람의 촉감이 보드라운 것은
무슨 일일까

겨울비는 내리는데
- 장갑 한 짝

 흙먼지가 날리고 데시벨이 높은 소음의 근원지가 있는 공사장 옆길에 떨어진 목장갑 한 짝. 짐을 실은 오토바이가 굉음을 퍼붓고 그 위를 지나간다. 닳아빠지도록 누군가의 손을 보호해준 장갑은 10층 높이의 건물을 세우는데 功이 컸을 것이다. 삽질을 하고 자갈을 고르거나 무거운 연장을 사용하거나 짐을 옮기는 일도 도맡아 했을 것이다. 추적추적 겨울비는 내리기 시작하고 인형 같은 여자애들이 버스정거장으로 뛰어가면 해일처럼 일어나는 비명소리. 해장국집에서 한 무리의 인부들이 벌건 얼굴로 나와 악어새가 된 이쑤시개를 하나씩 물고 공사장으로 향한다. 키 작은 젊은이가 진흙이 묻은 구둣발로 장갑을 밟았다. 저것을 사람의 발길이 닿지 않는 곳에 치우려다 멈췄다. 장갑과 동고동락한 주인은 잃어버린 것을 찾아 헤맬지도 모르기에. 동이 트면 주인은 일터로 나오기 전 제일 먼저 장갑을 가방에 챙겼을 것이다. 짐짝 같은 전철을 타고 버스로 갈아타고 일터에 도착하면 습관적으로 저것을 손에 끼고 맡은 일들을 하나씩 처리했을 것이다. 점심시간이 되어야 주인의 뒷주머니에 끼워져 피로를 풀고 이어지는

긴 오후를 마무리했을 것이다. 녹초가 된 몸을 이끌고 일터를 나올 때도 장갑은 눅눅한 벽에 탁탁 먼지가 털리고 집으로 돌아갔을 것이다. 주인이 머무는 공간에서 밤을 보내고 다시 일터로 나오고 그렇게 시간이 흘렀을 것이다. 주인이 미운 때가 왜 없었겠는가. 거친 말버릇을 장갑으로 틀어막고 싶을 때도 있었을 것이고 손발을 휘저으며 길 위의 망나니가 됐을 때도 장갑은 주인의 등짝을 후려치고 싶었을 것이다. 왜 저것의 소원은 없었겠는가. 멋진 슈트를 차려입고 외출하는 주인을 배웅하고 싶었을 것이고 연인과 스릴이 넘치는 롯데월드의 아틀란티스를 타는 모습을 보고 싶었을 것이다. 빗방울이 거세진다. 주인의 안전을 위해 몸을 아끼지 않았던 목장갑은 물길을 따라 흘러가며 버려진 우산대에 손을 뻗친다. 저 장갑의 남은 한 짝은 지붕 위로 날아가길 바라며 나는 무릎까지 들이치는 비를 피하지 않았다.

3호선 5호 칸

5호 칸에 앳된 남자가 들어섰다
재킷은 풀어헤치고 읊어대는 4차원의 대사
무대는 좁았지만 관객은 많았다

해석이 어려운 문장으로 1막을 마치고
엉거주춤 서 있는 남자
녹일 수 없는 냉각의 문을 열어버린 탓일까
방향감각을 잃어버린 눈빛에 초점이 없다

고름 냄새가 퍼진 3호선 5호 칸을
아무도 떠나지 못하고
관객은 생각에 잠기다

바퀴 달린 긴 무대가
레일 위를 달려 구파발역에서 숨을 고르자
출입문이 열리고
꽃샘추위를 5호 칸에 풀어놓은 남자는
재킷의 깃을 세워
쓸쓸히 퇴장한다

꽃말에 부쳐

울음의 결정체는 꽃이 되었다
하얀 꽃이 되었다
어미의 둥지가 그리워 핀 찔레꽃
팽, 돌아선 사람을 밤새 기다리며
한숨을 감아 올린 박꽃
변함없는 사랑을 위해 순결한 옷을 입은 백합
이루지 못한 사랑을 고귀한 가치로 치장한 목련
곧 드러날 비밀스런 사랑을 간직한 아카시아
아, 낮은 자리에서 겸손하게 핀 때죽나무다
울어서 핀 꽃들이다
밤을 지운 눈물이다
하얗게 지운 눈물이다

2부

거룩한 식사

거룩한 식사

바람이 그림자를 지우고 하늘의 해를 지웠다
황색의 먼지를 뒤집어쓰고 찾아온 바람이
공원에 한바탕 심술을 부려놓고서 먼지 가득한
입술로 나뭇가지를 물고 늘어선다
막 꽃잎이 틔기 시작한 목련봉오리가
빛살을 빨아들인 우듬지에 매달려
겹겹의 속살을 움츠리는 시간
서너 마리의 비둘기는 부력浮力으로 들뜬 가슴에
시간의 입자를 채우고 공원 한구석을 돌고 있다
아기 불가사리 같은 빨간 발가락들
땅을 디디면서도 좀처럼 흑색으로 변하지 않는다
어디서 발가락을 세 개나 잃었을까
기우뚱거리는 어긋난 몸뚱이에 오래된 벽처럼 균열이
생겼어도
굶주린 배를 채우기에 여념이 없다
절뚝거리며 걸음을 옮길 때마다 기울어지는 공원 한쪽
공중을 날아도 땅을 딛고 살아야 한다는 깨달음을
어미의 뱃속에서 울음으로 기억에 두었는지
움직이는 것들의 방해를 받지 않는 한 날개는 좀처럼

펴지 않는다
 꾸꾸꾸 꾸욱 꾹꾹꾹
 날개 속에 숨겨둔 울음은 가끔씩 우울한 잿빛털이
행간을 덮고
 다시 땅바닥에 입질을 해대며 공원을 돌고 있다
 일정한 시행을 건너뛰면서도
 거룩한 식사는 온 종일 계속될 것이다

불청객과 시

나는 그를 초청하지 않았다.
시도 때도 없이 찾아와
밤잠을 설치게 한다.
한바탕 그와 끝 모를 사투를 벌이다보면
몸에 박힌 단단한 가시 하나가 뽑혀 있다.
뛰어난 의술가인가
시의 손님은

몸에서 나온 가시에
불을 사르면
불꽃으로 퍼지는 부끄러운 시어들
청색의 소리로 되살려
엮어 올린 글

그 섬의 안부를 묻고 싶다

7월이 운다

백기를 든 역사를 재현하며
시야를 가린 거짓의 무게에
분노를 삭이지 못하고
어수선한 거리를 휘젓고 다닌다

말이 될 수 없는 것들과
말이어야 하는 것들을
해독하기 어려운 짐승의 소리로 내지르며
7월의 폭풍은 온 몸이 망신창이다

구도의 삶을 사는 성자처럼
육지의 성역을 지키기 위해
제일 먼저 살신성인할
언젠가 가 본
그 외딴 섬의 안부를 묻고 싶다

가장 가까이 있는 자에게 얹어지는 고통

고향 가는 길

고향 가는 길은 하나였는데 길이 또 생겼다
바람은 짙푸른 갈기를 세우고
말갛게 살갗이 드러난 길을
지나가다가 머뭇거린다

묵계로 시종始終한 수도자 같은 산은
길 하나 내주고 생채기가 난 환부를 밤새 싸매며
신음소리를 냈는지 미열이 있다

가랑비라도 내렸으면 했다

낮은 키로 다가가 고무신 끝을 디디고
매미채로 한 여름을 채집하던 곳
나뭇잎사귀 수만큼이나 까만 머리숱이 늘어나면서
훌쩍 찾아와 은밀한 것까지 털어놓던 곳
그곳엔 빛에 가까운 위로가 있었다

타르로 분칠한 또 다른 낯선 길이 조금씩
얼굴을 드러내자 나는 고개를 외外로 떨구었다

지금은
허물만 남은 그 자리에
내 유년의 깃대를 꽂는 일인가
지금은

〈2001 · 창조문학〉

일어날 수 있니?

꽈당!
가파른 길을 아이가 혼자서 내려오다가 넘어졌다

납작해진 자라의 모습이 시멘트 위에 박히는 순간
아이의 등엔 애당초 질린 울음은 없었다

경련으로 일그러진 얼굴을 들어 올리며
폭죽처럼 터진 날카로운 외마디가
파랗게 부어오른 목젖에 걸려
파르르 떤다

아이의 손톱만 한 작은 이와 잇몸 사이를 헤집고
구름처럼 몰려온 통증이
가슴으로 모아져 울음이 된다

땅으로 떨어진 그 소리들은 연기처럼 퍼져나가
저녁 하늘에 흩어지는데
아이의 발에 걸친 것은 굽이 있는 엄마의 샌들이었다

길게 뻗은 아이의 팔을 가볍게 잡았을 때
흠집이 난 경사진 비탈길에서
내 손을 잡아 준 이들이 생각나
거기 내 울음이 섞여 가늘게 떨렸다

줄 하나 그어놓고

허공에 줄 하나 그어놓고 당기기를 하던
그 낡은 한옥에
해의 꽁지가 기울어진 벽을 타고 오면
주인여자와 세든 여자의 팽팽한 기 싸움

눈으로 움켜쥔 절반의 눈금을 떼어내
한쪽 구석으로 밀어낸 빨래

하루는 중심을 잃고 기우뚱거려
볕 한 줌 의지한 낮은 한옥집 처마 밑에
쪼글쪼글해진 마음을 펴고 있었다

겹쳐진 빨래를 손끝으로 매만지면
피-잉 도는 눈물
누하동 00번지 그 집 자벌레는
서까래에 깨알같이 사글세 내는 날짜도 새기고 있어
좁디좁은 방은 습기로 번지는데

장대에 매달 해는 토-옹 보이지 않았다

지구의 반 바퀴라도 빨랫줄을 걸어놓고
우울을 말리고 싶었던 그곳에
지금도 누군가의 빨래가 칭얼대고 있을까

선착장에서

더위에 목이 길어진 사람들이
먹물 같은 강물에 노곤한 시선을 꽂고 있다

초승달이 나온 지 사나흘이 되었을까
어설픈 각도로 땡볕에 후끈 달궈진 바닥을
가만가만 훑고 있는데
건너편 번화한 도시가
하나 둘, 하나 두울 점등식을 하고 있다

땅과 강의 경계가 모호해진 틈으로
취기가 오른 물의 도시는 물구나무를 선 채
생존의 구역을 넓히려고
흔들리면서도 물 밖을 기웃거린다

열대야의 밤은 온통 별이다.
별무리에 갇혀 돌아갈 방향을 잃었는데
가까이에서 쏟아지는 호루라기 소리
주섬주섬 흔적을 담아 선착장을 나선다

사진 한 컷

언덕 오르는 숲속 길가에 누워
듬성듬성 화석이 되어가는 고사목

산새를 키우던 풍성한 나뭇가지는
몇 번의 풍화를 거쳐 삭정이가 되었고
몸통만은 자존심인 양 견고하게 누워 있다

태양이 속살을 더듬어도
배꼽에선 그 화려한 날들조차 가뭇하게 흐려져
밤낮으로 독야청청 귀를 닦는데

물기 없는 나무껍질 사이로
바람이
하하, 그 영험한 바람이 생명을 불어넣은 것일까

몽정으로 잉태한
동공만 한 푸른 산다래 열매를
정성스레 키우고 있다

어떤 장날

장이 섰다
벌여 놓은 좌판도 흥겨운 엿장수의 장단도 없는
후미진 공원 한구석에
지구의 궤도를 지치도록 돌았을 수행자들이
장터 국밥집을 찾아 모여들고 있다

사막의 지형을 헤매고 나서 속도를 익힌 걸음
어느 주인과 동행했는지 개 한 마리 느린 보폭을 맞춘다

늦여름의 더위는 오달지게 달궈지고
긴 연列에서 저린 발을 빼는 순간
플라스틱 식판을 양손으로 받쳐 들며
풀어놓는 입가의 미소
목 좋은 자리에 먹을거리 좌판을 펼친다

한 중년사내가
우거지 국에서 잊혀간 일들을 건지고 있다
젊은 날, 어느 아랍 왕을 닮았음직한 서늘한 눈매

일정한 흐름을 벗어나 흔들리는 손
한 방울의 국물까지 입안에 밀어 넣고서 배낭을 연다

살아온 이력이 켜켜이 담긴 불룩한 배낭 속을
눈어림으로 들춰보는 남자
달궈진 해는 나른함을 몰고 와
남자를 배낭 속으로 빠뜨리고
새들의 날개 짓만 분주한 오후,

후미진 공원 한구석에 장이 서면
때를 잊지 않은 봉사자들이 쌓인 식판을 정리하며
쏟아지는 땀을 전대에 담고 파장을 서둔다

육쪽 마늘

중심에 기둥을 박고 가훈을 썼어
뭉치면 산다고
어미 곁에 막내
아비 곁에 큰애
돌돌 크는 둘째, 셋째
입히고 먹이는 일은 소홀히 하지 않았어
흙 속의 양분으로 몸을 키우고
빗물이 고인 옷감으로 옷을 만들어
치수대로 맞는 옷 입혀주었지

흩어지면 죽는다는 가훈을 꽃줄기에 쓰고
지난거울 헤아려보네
몸에서, 역겨운 냄새가 나요. 막내의 투정에
독기다.
언 땅에서 혹독한 시련을 겪어낸 엄마의 일침에
독기는, 좋은 건가요?
한 목소리 내는 자식들
그-러-엄, 살아갈 수 있는 힘이지.

장마가 오기 전
밖으로 나온 한 가족
똘똘 뭉쳐 뜨거운 대기大氣에
축축한 몸을 말리네
독기는 야무지게 감추고서

전철노인

과일껍질처럼 깡마른 노인이
경로석에 앉아 긴 하품을 흘리고 있다

푹 꺼진 양 볼에 쟁여 있는 시간의 그늘
주름진 얼굴에 겹쳐진 검버섯
지난한 세월이 제멋대로 붓 칠한 흔적이다

흔들리는 1호선은
무수히 걸쳐간 사람들의 체온으로
발 빠른 진화를 위해 달리는데
눈에 띄게 빈자리가 늘어나도
노인은 스스로 굳힌 자리를 떠나지 않는다

시간의 알갱이가 정오의 빈자리를 메우는 동안
하아, 하, 아 ──
쏟아진 노인의 하품은 일정한 지표를 향해 퍼지고
차창 밖의 풍경은
돌아설 때, 못 다한 말을 한 줄 메모로 쓰게 한다

천안행 자동문은 간이역마다 습관처럼 열리고
그 틈을 비집고 들어온 두정역의 스치는 잔상이
노인의 입술을 쓰다듬으면
만근의 졸음이 매달린 눈꺼풀은 스르르 감긴다

부소산의 달

 그날 밤
 전설 같은 사비성의 숨결은
 7월의 밤하늘을 배회하며 시간의 목덜미를 어루만지는데
 쪽을 틀어 올린 달은 하느작거리는 걸음으로 객을 맞는 몸짓이 능청스러웠다

 언뜻언뜻 비추는 달의 손이라도 잡고 싶었지만
 어둠 속 수백 개의 돌계단을 내딛으며
 황산벌의 계백장군이 되었다가
 서라벌의 선화 공주와 마를 캐는 맛동(서동)이 되었다가, 앙인이 되었다가
 구드래 나루터를 빠져나와 바다로 향하는
 마지막 왕실의 왕족이 되었다가
 망국의 슬픔을 부소산 후미진 골짜기에 땀으로 쓸어내렸다

 멸망하던 백제의 고립된 바람은 낙화암에 머물러
 백마강에 엎어져 흐르고 싶었는지

분간키 어려운 시야에서 젖빛으로 태어나고 있었다
어느새,
나루터에 먼저 온 달은
백색白色의 눈웃음을 흘리며 일행을 맞이한다

만남을 자축한 우리는 나루터에서
유행가 한 자락을 이어가며 회한에 잠기는데
달은 빈 터로 남은 유적지를 둘러보려는지
일행의 일정은 아랑곳없이
길 하나 열어주고 서둘러 자리를 떠난다
우린 서로 배웅을 미룬 채였다

〈2000 · 창조문학〉

장마철의 거미

때론 장마철의 일기예보는 믿을 만한 게 못 되어서
거미는 저 혼자 애가 탄다

이른 새벽 거미는 유실된 집터를 뒤로 하고
2층을 오르는 층계참에 쫘 - 악 밑그림을 긋고
개복숭아 잎사귀에 돋은 톱니 날에
또 한 줄 쭈 - 욱 그었다

일정한 선을 그어야 한다는 생존의 법칙은
수난을 통해 익힌 거겠지만
오늘은 매운 정신으로 구획을 나눈다

기둥을 만들고 산책할 길도 만들고
먹이가 걸려들 끈적끈적한 은실로
촘촘하게 덫을 놓으면 납작해진 아랫배

호젓한 식사를 위해 입맛을 다시지만
장맛비는 예고도 없이 쏟아지고
때깔 좋은 무기질 대신 걸린 건

대롱대롱 매달린 어린 빗방울들

성찬의 시간은 멀어지고
빗줄기는 굵어지고

소문난 맛집

손맛은 참새들도 안다
하루에 세 끼 찾아오는 참새들은
그 여자의 손님이다
사람들이 붐비는 점심시간
참새들의 순번이 바뀔까 봐
쌀자루에 손을 넣는 그 여자

마당에 뿌려지는 빛 고운 쌀알들
허겁지겁 쪼아 먹고
포르르 포르르
지붕 위로 날아가는 참새들

그 여자의 손맛은 마음에서 우러나온 것
영리한 참새들이 모를 리 없다
손님이 한가한 오후 세 시경
식당으로 들어와 주인여자의 사생활을 염탐한다
책장을 막 넘긴 그 여자의 손에서 이는 명주바람
참새들도 호흡을 가다듬는다

소소한 걱정거리는 한데 섞어 상큼하게 버무리는
솜씨에
 참새처럼 종종 들르는 곳

 번화한 도시의 뒷골목에
 참새들이 모여드는 집
 손님은 늘 만원滿員이다

이상한 관계

그 남자의 눈은 항상 붉다
아폴로 눈병이 유행한 그해부턴가
수십 년 안과에 다녀도 낫지 않는다
밤낮 저울 앞에 사는 남자
그 여자와 또 다른 여자를 추에 달고
눈금으로 기록하는 남자
그래서 그 남자의 눈은 충혈되었다

남자가 떠난 날 여자는 더 멀리 떠났다
여자는 그 남자의 여자가 아니다
세월이 갈수록 여자는
그 남자의 여자리고 느끼고
세월이 갈수록 남자는
그 여자를 철저한 타인이라고 느끼고
촌수를 따질 줄 모르는 여자
촌수를 따질 줄 아는 남자

그러면

물이 되기로 할까

티없이 깨끗한 물
마르지 않는 물
수초가 자라고
송사리가 노니는
졸졸 흐르는 물

너에게
갈 수 있는 길
물길이 아닐까

3부

맴도는 말

변산반도 채석강에서

몇 마리의 갈매기가

푸른 파도의 끝자락에 앉았다

바다의 수면을 발가락으로 더듬으며

하늘로 튀어 오를 순간을 살피고 있다

침몰할 수 없는 의지를 다지고 있는 걸까

책 읽는 소리가 요란한 변산반도 채석강에서

수만 권의 내용으로 잠시 귀를 밝히며

접었던 날개를 활짝 편다

바다를 떠날 줄 모르는 갈매기는

해가 지도록 비행을 즐기며 모래밭으로 귀가를 서두르고

파도는 점점 수위가 높아진다

책 읽는 소리로 요란한 서해바다는

오늘밤 꼬박 날을 샐 것인지

바닷바람이 넘겨주는 경전을 펼친다

어디 물결을 따라서 왔을까

모서리가 떨어진 꿈을 줍는다
언덕 오르는 계단에
조각난 꿈들은 꿈틀거렸다
날카로운 고양이 발톱에 찍힌 생채기에
옅은 슬픔이 묻어 있다

시장 길을 헤매고 왔을까
발길에 부딪힌 자국이 있다
차디찬 유리관 속에 심장을 옮겨놓고
새의 걸음으로 외나무다리를 걸어온 자국도 있다
돌담을 건너뛴 자국도 있다

어디 물길을 따라서 왔을까
살갗이 검푸르다

어둠에 박힌 별들 중에 갓길을 비추던 별 하나가
눈 쌓인 계단에 내려와
몇 번의 혼절을 겪으며 편견에 시달린
깨진 조각들을 보듬는 곱은 손을 쓰다듬는다

손거울

속도를 내야하는 구간에서 맞은편 버스가 멈췄다
창문 쪽으로 몸을 튼 무표정한 사람들
──그때 창가에 앉은 노인이
손거울을 꺼내 주름을 펴고 있다
생의 정점에서 유리알을 보는 일이란
일몰의 흐트러짐을 매만지는 일일 게다

맞은편 버스가 움직이자
몸을 기댄 의자가 반동으로 출렁이고
익숙한 속도에 빠져든 나는
조막만 한 거울을 꺼내 매끈한 표면을 닦았다

어머니도 자주 거울을 보셨다
햇살쪼가리가 기어 들어온 응접실 소파에 앉아
아가 젖살처럼 분홍빛 도는 입안을 하, 벌리고
새하얀 이를 끼워 넣으면
다섯 살 아이가 되는 어머니
아이처럼 환하게 웃는 어머니의 손에도
작은 손거울이 들려 있었다

강물이 키우는 반디들

강물은
수면에서
은빛 벌레만 키워요

한낮엔
소리 없이 공중을 날려고 해도
날지 못하는 겨울강의 손님들

햇살이 쏟아 붓는
사랑을 먹고
보답으로 토해내는 재잘거림

강물은
지금 막 지나가는 작은 고깃배를 놓쳐버렸지요

물결이 그물에 걸려 흔들리나
은빛 반디들은 일제히
강물 속으로 다이빙
그 위를 서서히 덮는 저녁 안개

어!
어,
어.

까무스름한 하늘 꼭대기에
반딧불이
하나 둘 켜지고 있어요

겨울 강에서 은빛 벌레를 본 날입니다

〈2002 · 창조문학〉

달동네는 달이 먼저 와 산다

밤이 오기 전
달동네는 달이 먼저 와 산다
밟아도 좀처럼 낮아질 줄 모르는 층층계단에
먼저 와 사는 달은
나보다 달동네 사정을 잘 알고 있다

올려다본 하늘이 진한 남빛이다
달은 바다를 바삐 건너오느라 물보라를 하늘에 뿌리고 왔나 보다
측백나무 키처럼 늘어난 오르막길에서
가쁜 숨을 고르며 먼저 와 논다

종잇장 같은 문틈으로 새어나오는 불빛이
동짓달 초저녁을 보듬고 있는데
달은 어느새 창틀에 앉았다

오르다 오르다
더 이상 오르지 못할 곳에 둥지를 튼
우리의 이야기를 듣는 이

버릴 것 다 못 버리고
이곳까지 끌고 온 초라한 살림살이를
매번 만지작 만지작거리는 이
달은 그렇게 혼자서 한참을 있다 간다

행여
이 밤
잊은 것이 있다면
내 집에 들어와
휘-이 돌아보고 가시라고
창문을 빠끔히 열어놓는다

〈2002 · 창조문학〉

아버지
- 9월의 달력에는

아버지는 유난히 순하셨다
순한 건, 병이다.
순식간에 병자로 만드신 어머니
아버지는 신약개발 목록에도 없는 병을 앓고 계셨다
아버지가 불쌍해요.
낸들 아냐, 태생이 그런 걸.
결국 유전자 배열로 책임을 돌리시는 어머니
나는 아버지가 하신 일들을 몇 개 꺼내 어머니께 들춰 보였다
하긴, 무지 착한 사람이었지.
그것도 병인가요?
낸들, 아냐.

아버지는 어머니도 모르는 병을 달고 사시다가
치료약도 없는 병을 평생 달고 사시다가
오래 전 이맘 때 돌아가셨다
혼자만 앓고 계셨던 통증 내게도 느껴져
아버지의 손을 덥석 잡아드리지 못한 후회가
명치끝을 누르는데

착하시니까 당했지요.
그 기름진 논과 밭을… 꾼들에게.
금기 같은 말이 튀어나왔다
놀음 말이냐!
휑- 돌아선 어머니의 굽은 등에서 찬바람이 돈다
나는 어머니의 등을 쓸어내리며
그리운 아버지의 이름을 꿀꺽 삼켰다

2008년 9월

시간이란 이름의 강
- 내 동생 재영이의 명복을 빌며

그물을 하늘에 던졌다
구름이 요리조리 피한다
그물 속에 걸려든 한 뭉치의 새털구름
조심조심 끌어내렸다

비가 되지 못한 보푸라기를 손끝으로 만져본다
따스하다
몸에 맞지 않은 긴 소매를 걷어 올리는 사내아이가,
빙그레 웃고 있다
소매 끝을 잡으려 하면
익숙한 입말들을 또랑또랑 떨어뜨리고 뒷걸음친다

가슴에 집채만 한 바위를 얹어놓고 길 떠난 아이,
흙벽을 긁던 아린 손으로 종이 새를 접으면
너는 날지 못하고 사진 속의 아이로 살고 있다
벽화가 된 사진에 우리의 가난했던 시절이
겹쳐지고——
——겹쳐지고

저기, 날고 있는 새 한 마리
너이기를 바라며 주문을 왼다

시간이란 이름의 강에 이름만 동동 뜨고
눈을 뜨고 있어도 눈을 감고 있어도 꿈을 꾼다
이쪽과 저쪽을 연결하는 화상채널로
우린 핼쑥한 얼굴로 흐르는 시간에 표류하며
어디로 가는가
어디쯤에서 만나는 건가

어디쯤에서

하현달

엄마의 등에 달꽃이 폈네

칭얼대면 꽃잠 재우고
울음 그치게 내준 등에 핀 달꽃

자갈밭 같은 세월을 등짐으로 져 나르며
허물어진 기둥 세우고
된바람
된서리
된추위 막아내고
모진 풍파 등으로 밀어낸 엄마의 등은 굽어
노란 달꽃이 되있네

속삭이는 별들을 기다리다
밤을 밝힌 하현달은
찬이슬 밟고 오는 새벽 발자국을 세다
서西로 기울어가네

안과 밖

글을 쓰려면 밖으로 나오란다
평생 바깥을 돌다 돌아온 나에게
언저리에서라도 서성이란다

삐딱하게 기울어진 오늘을 걷다가
틀어져버린 골반
교정할 틈도 주지 않고
어지러운 곳에 다시 서성이란다

안에 있어도
밖이 훤히 보이는데
글쓰기에는 제격인데

보이지 않은 출구
- '코뿔소의 계절' 2012, 바흐만 고바디 감독

시간이 버터처럼 굳어버린 시대엔
펜으로는
야들야들한 꽃만 그렸어야 해.
기울지 않는 해를 그리고
지칠 줄 모르는 동그란 사랑을 그리고
부끄러운 야유도 땅콩 냄새처럼 고소하게 그렸어야
해.

정직한 길을 내서는 안 되는 시대엔
목적지를 알려주는 가이드의 속성을 외면하고
마음이 가는 길에 바리게이트를 쳤어야 해.
펜으로는
지도를 펴놓고 먹먹함도 억울함도 노여움도
그리면 안 돼

악취 나는 오물로 뒤엉킨 시대엔
촛농을 먹인 팽팽한 직선의 시간을 공중에 매달고
어린 시절로 돌아가
펜으로

팽이를 돌리고 과녁을 맞히고 땅구멍을 팠어야 해.
물미역 같은 미끌미끌한 시를 썼어야 해.

손질할 수 없는
정의正義의 기준이 무너진 시대를 혐오한 사람
황량한 벌판에 코뿔소 한 마리 되어
죽어서 시가 된 거인
죽어서도 살아 있는 시인

붉은 시로 물든 노을빛 바다
화면은 정지되고
출구를 찾지 못한 나는 의자에 앉아 뱅글뱅글 원만 그렸어.

새가 된 노래
- '엘 콘도르 파사'을 들으며

스러지지 않는 고원에
흩어진 이야기가 앙금처럼 고여 노래로 승화되었지

숨죽어 토해내는 비문의 노래는
변방의 아침을 흔드는데
슬픈 가락으로 숨죽여 흐느끼는데

수술대에 올라가 마취제를 맞은 듯 몽롱한 잠이 쏟아진다

이방인의 침탈에 한恨이 된 잉카의 후예들
몸 안에 저장된 피의 노래가 새가 되어 날고 있다

자질구레한 기호들이 사라지는 저녁
욕조에 떨어진 새의 깃털을 건지며
새의 노래를 건지며
나는 생의 무의미를 되묻고 되물어본다

초원의 이야기
- '고독한 양치기'의 음악을 듣고

성장의 고통을 가둬버린 초원에
외로운 목동의 피사체,
양 떼만이 산등성이에 펼쳐지고
들머리에서 태어난 바람의 길을 해종일 찾아보지만
매번 제자리로 돌아와 한 점, 점으로 남는다
따라갈수록 사라지는 황홀한 비상飛翔
멀어질수록 소용돌이치는 고독한 여정旅程
넓두리로 풀어내는 음률들
지구 한 모퉁이
드넓은 푸른 목장에서 한 마리 양으로
길들여진 양치기,
해 지도록 허술한 걸음 떼지 못한다

맴도는 말
- 헌팅턴비치를 거닐며

차창 밖으로 검푸른 바다가 보인다

엄마 생각하고 견뎠어.
밀려온 이야기가 달리는 속도에 스며들었다
이, 악물고.
훅 — 물비린내가 차안에 퍼진다

갈매기 한 마리 보이지 않는 해변에 차를 세우고
꽃게를 닮은 상점들이 늘어선 곳을 지났다
파도를 끌어다 만든 조형물 위에서 띄엄띄엄 사람들이 낚시를 하고 있다
지니고 온 양동이엔 씨알 굵은 물고기를 욕심만큼 넣을 것이다

책을 든 손이, 머리보다 낫단다
너도 이 망망한 대해에서
싱싱한 꿈 하나 거뜬히 건져냈으면 해.
묶음으로 처리된 음폭의 파장이 입안에서 웅웅거린다

엄마가, 보고 싶을 땐 이곳을 찾아왔어
그리고 이렇게 바다를 보았어.
가슴에 고인 물거품이 태평양 바다로 흩어진다

유학 생활이, 견딜 수 없을 만큼 힘이 들면 언제든
돌아와
갈매기 실어 유람선 한 척 보내줄게.
그 한마디 끝내 하지 못하고
소금기로 젖은 아이의 손을 꼭 잡았다
끝이 보이지 않는 검푸른 바다 위로
그 날은 펠리컨 한 마리 보이지 않았다

2008년 11월

* 헌팅턴비치 : 미국 캘리포니아 오렌지카운티에 속한 해변

나무는

때론 가벼워지고 싶어서일까
속살을 여몄던 옷들을 훌훌 벗어던지고 거리에 섰다
매해 거듭되는 거창한 의식
벗는 일에 익숙한 아이다

겨우내 입 안에 가둬 둔 소리들이 날이 풀리면
벌 떼처럼 날아다녀
잎이 솟고 꽃이 피는 자리를 알고 있어
나무는 초조하지 않다

가슴으로 키우는 나이는 동그라미로 여며가며
몸 집을 키웠는지
맨살을 드러낸 나무는
사소한 비웃음까지도 끌어안고
바람 부는 곳으로 허리를 굽힌다

벌거벗은 나무에 참새들만 찾아들고
온갖 망상으로 떼풀처럼 자란 머리로는
겨울 문턱에 다가설 수 없어

슬프도록 눈부신 나무를 차마 올려다볼 수 없어
발아래 버석거리는 마른 잎들의
마지막 경적에 귀 기울인다

자정自淨을 잃은 인간이 할 수 있는
유일한 포지션
이것뿐인가
몇 세기가 지나야 오래 바라볼 수 있을까

딸을 위한 기도

시작을 기도로 열게 하시어
살아가는 동안 어떠한 결과든지
겸허하게 받아들이는
넉넉한 마음을 허락하소서

죽음 같은 고통도
성숙해지기 위한
은총임을 깨닫게 되는
신앙인의 지혜를 허락하소서

치유될 수 없는 내면의 파편이
저녁 그림자처럼 길게 늘어질 때도
등경을 한 손에 든 여인처럼
빛의 역사役事를 만드신 주님의 모습을
떠올리게 하소서

언제라도 가던 길이 아니면
미련 없이 돌아설 수 있는
과감한 용기도 허락해 주소서

균형

시베리아 바람을 가로질러 해질녘
소래포구에 도열한 철새들
언 발을 내리꽂은 뻘밭은
시장터처럼 왁자지껄하다
사정없이 퍼붓는 눈발을 일격에 날려버리고
갯벌을 헤집고 쪼아대는 부리들

삐요옷 삐옷 뽕 뽕
허기를 밀어낸 성대의 진동은
파도에 담겨 하얗게 부서지는데
발 하나를 품속에 넣고 한 발로 서서
기도하는 도요새 한 마리

믿음에 있어 좌로나 우로나 치우치지 말라는
신명기 28장 14절이 떠올랐는지
몸으로 실천하는 예언자의 자세다
가장 멀리 보며
가장 높이 날아서
찾아온 이방인

4부

안부 전화

안부 전화

마음 속 푸른 뜰을 가꾸는 사람이
소식을 물어왔어요
거실에 날고 있는 꿈의 조각들
걸어놓은 꽃의 액자에 부지런히
꽃가루를 모아놓네요

꽃 한 송이 피지 않는 삭막한 이 겨울에…

잘 있어요

잘 있고말고요

아주 잘 있는 걸요

고맙고 미안하고 행복한 그런 하루

정착

나는요,
바로 조금 전 작은 베란다 한쪽에
고추모와 토마토 서너 포기를 화분에 심었어요
손바닥만 한 토기엔 채송화 씨, 봉숭아 씨도 심었고요

나는요,
달항아리에 소금물을 붓고 서너 덩어리 메주를 띄우고, 그 위에 숯과 빨간 고추도 넣었어요
동그랗고 앙증맞은 옹기엔 새빨간 고추장도 정성껏 담았고요

어제서야 광야에서 벗어나 가나안 땅에 정착했거든요

내년
후년
그 다음 해도
세월이 흘러가도 이 일은 계속할 거예요

2015년 봄

게 · 걸 · 음으로

생선가게 진열대에 누운 냉동 꽃게들이
볕 짧은 겨울 해를 바라본다.
여기저기 떨어져나간 발가락들은 어디에 두고 왔을까
그날의 기억을 묻은 채 미동이 없다

천년을 산다는 거북등을 하고도
으뜸가는 식감으로 찍혔으니
수난을 불러온 이유는 있을 것이다

돌출한 눈이 안테나가 되어
태풍의 길을 지상의 관측소에 제일 먼저 타전한 죄
잘려나간 다리를 짠 물로 회복시킨 죄
오염된 바다를 찔끔찔끔 누설한 죄
육지보다 넓어 투자하기 좋다고 정보를 살짝 제공한 죄

바다의 비밀을 지키지 못한 죄로
죄가 될 수 없음을 변명하지 못한 죄로
언 몸을 사리고 있다

일어나,
어서 일어나 바다로 가야지
저 푸른 서해 바다로
수평을 이루지 못하는 직립 보행하는 인간들을 비웃
으며 투쟁의 발가락을 꼿꼿이 세우고
직진을 사양한 그 걸음으로 당당하게 바다로 가라!
직진을 사양한 게 · 걸 · 음으로

1978년 그해 겨울

 작은 벌레에 물려도 가벼운 후유증이 있는데 심장을 물렸다
 독이 퍼진다 볼거리가 생겼다고 멀찍이 서서 구경하는 사람들
 효모를 넣은 식빵처럼 부풀어 오르는 얼굴을 보며 재미있다고 깔깔깔 웃는다
 아이의 엄마 관은 배처럼 둥둥 뜰 거라고 수근거린다
 살아서 아이를 안고 문지방을 넘어야 한다
 심장을 도려내 약솜을 집어넣고 걸어서 밖으로 나가야 한다 사탕봉지만 한 셋방을 도망가야 한다
 어서, 영원한 겨울을 빠져나가야 한다

 의식意識이 사라지기 전 아이에게 젖을 주려면
 참기름에 소고기 달달 볶아 끓인 따끈한 미역국과 갓 지은 흰쌀밥을 원 없이 먹어야 한다
 아니, 아이만이라도 살려야 한다
 팔팔 끓는 물에 소독한 우유병 그곳에 소젖을 넣어 먹여야 한다 배가 볼록하게 올라오도록

죽어가는 엄마에게 그 예쁜 배냇짓으로 아이는 엄마를 불러야 한다
 끊어지려는 엄마의 숨통에 희망의 공기를 넣어야 한다

 뚫린 구멍구멍은 죄다 막아야 한다
 쥐구멍도 막고 개구멍도 막고 벌레구멍도 막고
 이번엔, 천 년 묵은 코브라도 들이닥칠라 파충류가 드나드는 구멍은 더 꼭꼭 막아야 한다

 삼칠일도 안 된 아이를 지켜야 한다
 아이를 포옥 싸안고 문지방을 넘어서 밖으로 나가야 한다
 눈보라가 휘몰아치는 한파 속을 달려야 한다
 이 위험한 곳을 벗어나면 달콤한 숨을 쉴 수 있을 것 같다 긴 호흡도 할 수 있을 것 같다
 이 위험한 사선死線을 넘으면

미역을 물에 담그며

마른 미역을 한 주먹 물에 담그면
시르르 풀어내는 바다의 숨소리 그릇에 가득하다

건져 올린 미역은 해풍에 마르면서도
파도의 껍질들을 이어다 붙인 머리와
하늘거리는 줄기 줄기에
숨소리를 접어 넣고 굳어갔는지
갯바위와 밀당한 잔물결을 접어 넣고 굳어갔는지
비린내가 난다

풀어지면서 자유로워지고
풀어지면서 강해지는 힘
용서가 그렇고
화해가 그럴까

겨우내 차가운 바닷물 속에서
천만번 목욕재계하며 자란 키다리 채소는
바다를 벗어날 해방의 날을 기다렸지만

봄은 덫이 되고 구속이 될 줄이야

바짝 말라가면서 지쳐가는 건
뒤척이는 파도를 달랠 길 없어 서러웠는지
스테인리스 그릇에 몸을 불리면서도
마냥 목이 타나 보다
잎과 줄기를 넓혀 물을 가두는 것을 보면

비 오는 날의 일기
- 전화

어젯밤부터 비가 내린다.
 유리창에 빗금이 그어지고 그어진 빗금 사이로 전화벨이 울렸다.
 에미냐?
 아버지는 오늘도 전화를 거셨다.
 또, 술 드셨군요.
 그래.
 아버지는 괴로우신가 보다.
 녹물이 된 시간을 흘려보내며 문밖을 서성이셨던 아버지
 술을 드시던 날은 외손녀를 안고 우셨다
 술을 가슴에 넘치게 부으신 날
 아버지가 머무시는 고향집도 울고, 산까치도 울고, 지게 위 잔솔가지도 울었다.
 아픈 데는 없냐?
 예.
 그 녀석 보고 싶다, 한번 오라고 해라.
 아버진 전화기를 놓지 않으려고 잔기침까지 길게 이으셨다.

아버지, 술 그만 하셔요.
나, 술 안 먹었다.
아버지는 한 잔의 술도 안 했다고 말끝을 동글게 말아 올리신다.
그럼, 몸조심해라.
예, 아버지도요.
아버진 가슴에 깊이 고인 빗물을 쏟아놓고 전화를 끊으셨다.
술 냄새를 타고 온 빗물이 방안에 고이기 시작했다.

얼룩

타액他液으로 빠진 하루를 건졌다
원하는 대답을 숨기고
드릴로 파고드는 예리한 질문
끌어올린 하루는 젖어 있다
뿌연 부유물이 묻어 있어 썩은 냄새도 난다
씻어도
말려도
남아있는 얼룩
지워도 살아 있는 무늬
억지스런 인연이 스치고 간 찌꺼기

가지치기

딱새는 오지 않을 것이다

11월 어느 날
4층 높이의 나무를 가지치기했다
아파트 창가에서 손을 뻗으면
닿을 것 같던 거리
싹둑싹둑 잘려나간 제 몸의 일부를
아프게 바라본 느티나무는
줄어든 키를 늦가을 그림자에 비춰보며
딱새가 머문 자리를 비우고 있다

너 또한 오지 않을 것이다
딱새의 목소리를 닮은 너를
흔들어 깨우며
멀어지면 잊히는 거라고
나도 가지치기를 했다

이제 딱새는 오지 않을 것이다

희망 사항

눈을 뜨면
반 지하

눈 뜨면
지하

눈만 뜨면
언덕배기

살아서
무덤에서 죽어봤으니

죽어서는
환한 세상에서
원 없이
살아볼 거야

명언
- 나를 지켜준 어머니 말씀

퉁퉁장이 장이냐
의붓애비가 애비냐
어머니의 뼈 있는 말씀

그 말씀 새기며
한눈팔지 않고
걸어왔어요

끊어진 다리에 징검돌 놓아가며
덤불 속 헤쳐 가며
장대비 맞아가며
걸어왔어요

생각해 볼수록
그 말씀
명언 중 명언입니다

* 퉁퉁장 : 충남 공주지역에서 청국장을 가리키는 말

사랑한다는 것은
- G에게

 누구에게나 소중한 친구가 한 사람쯤은 있듯이 나에게도 그런 친구가 있습니다. 그런 친구가 이곳을 떠나려고 지금 이민을 준비합니다. 나는 오늘 전화를 했습니다.
"네가 그곳에서 살다가 언제든 서울에 오면 내 집에서 머물러."
"고맙다. 내가 뭘 했다고."
 그랬습니다. 그녀는 늘 그랬습니다. 남에게 베푼 사랑을 하마의 입처럼 벌리지 않고 백조의 알을 품은 어미 오리처럼 묵묵했습니다. 그런 친구를 오랫동안 만나지 않고 있습니다.
 4, 5년 전 나는 그 친구에게 결별을 선언했습니다. 늙어서 만나자고. 만 원짜리 한 장이면 어린아이처럼 족할 줄 아는 그런 나이에, 햇살이 비치는 봄날 오후, 공원 벤치에 앉아 붕어빵 한 조각, 요구르트 하나면 되는 날에, 너는 나를 안쓰러워하지 않아도 되고 나 또한 너에게 미안하다거나 부러워하지 않아도 될 즈음에, 이가 다 닳아빠진 잇몸 사이로 가끔은 쉿 소리로 알아들을 수 없는 말이 새어나와도, 그것은 우리들의

슬픈 침묵이 언뜻 지나가는 소리라고 느껴질 때… 그렇게 이야기하고 나는 울어버렸습니다.
 며칠을 앓았습니다. 사랑하는 친구를 잊어야 한다는 것은 이성으로 사랑한 사람과의 이별하고는 또 다른 괴로움이었습니다. 언제나 곁에 있어준 친구였는데… 눈감고도 일곱 자리 숫자만 누르면 그녀의 목소리를 들을 수 있었는데… 그것까지 억눌러야 한다는 것, 다시는 젊은 날의 그녀를 볼 수 없다는 것, 그것은 가혹한 일이었습니다.
 아이 하나 허리춤에 매달고 살아가는 나에게, 허술한 새집을 무심히 지나치지 않는 오래된 산山사람처럼 그녀는 빈 둥지 속에 따뜻한 온기를 남기곤 했습니다. 나에게 있어 그녀는 수호천사였습니다. 하느님은 그녀를 통해 비틀거리는 나를 붙들어 주셨습니다. 사랑의 신이 있음을 나는 그녀를 통해 알아갔습니다. '나 같은 친구 때문에 너는 많은 시간을 아파했다. 그래서 떠난다고. 진심이었다.'
"아름다운 내 친구야, 네가 있었기에 질펀질펀한 이 땅에서 홍학 같은 다리로 이만큼 서 있을 수 있었어."

날씨가 풀리면 남대문 꽃시장에 들러 이른 새벽 제일 먼저 배달된 싱싱한 안개꽃을 사렵니다. 그 꽃다발 속에 친구를 닮은 향기 좋은 꽃송이들로 채워가면서 언젠가 우리, 좋은 날, 만날 거라는 희망을 가질 것입니다.

2001. 겨울

동짓날

엄마는
떠나시고
눈이
오시네

                2021. 12. 22.

글을 맺으며

말들의 끈을 잡고 여기까지 왔다.
우선, 마무리를 할 수 있어 기쁘다.
되돌아보는 시간은 늘 후회로 남지만,
때론 그것이 살아갈 수 있는 힘을 주었기에
과過하게 자책하지 않으련다.

자책하면서 쓰는 글,
남들이 다 써버린 글을
왜 나는 쓰고 있는지…
오늘 밤 찾아올 시에게
다시 한 번 물어야겠다.

2022년 가을

장 혜 영

해설

아포리즘을 통한 실존적 질문들

이경교
시인/명지전문대 문창과 교수

1. 잠언을 위하여

 장혜영 시인의 『거룩한 식사』는 인상적인 잠언들이 먼저 눈길을 끈다. 잠언이 주목되는 것은 시인의 인생 경험이나 삶의 경험이 결코 만만치 않다는 반증이 되기 때문이다. 본디 잠언aphorism은 종교적으로 지혜서The book of proverbs를 통해 널리 알려져 있다. 소위 BC10세기 솔로몬의 지혜Wisdom of solomon라 칭해지는 잠언들이 그것이다. 사실 잠언이란 천문지리天文地理, 곧 자연과 인간 삶의 섭리Providence를 짧은 문장으로 진술하는 방식이다. 동양의 출중한 잠언집은 BC6세기 노자의 『도덕경』이다. '이름 붙일 수 있는 이름은 영원한 이름이 아니다' '도를 도라고 하면 도가 아니다' 등으로 시작되는 도덕경의 진술은 시적인 함축일 뿐 아니라, 인간과

자연의 섭리를 표명한 언술들이다. 이밖에도 16-17C 홍자성의 『채근담』, 17C의 파스칼Pascal 『팡세』나 19C말의 니체Nietzsche에 이르러 잠언 역시 형이상학자 진리를 담는 그릇으로 인식 되었으며, 20세기에 이르러 보르헤스Borges의 잠언적 글쓰기가 시와 산문의 경계마저 해체해 버렸다.

2. 장혜영 시의 아포리즘 형식들

봄비가 두 살배기 걸음마로 내린다 〈봄비가 두 살배기 걸음마로 내린다〉

장혜영의 아포리즘 방식들은 다채로운 양상을 보여준다. 봄비를 이보다 더 감각적으로 해석하기도 어려울 듯하다. 보슬비의 부드러움, 연약함, 그리고 소리 없음을 아장걸음으로 투사한 건 예사롭지 않다. 그것은 일찍이 포은 정몽주 선생이 〈춘흥春興〉에서 '봄비 가늘어 물방울 듣지 않더니/ 밤중에사 작은 소리가 있네'春雨細不適夜中微有聲라고 노래할 때의 그 정감과 다르지 않다. 오히려 장혜영의 '봄비'는 거기 어린 아기를 끌어들임으로써, 자연 상태를 인체화하고 생명력을 부여한 점에서 높은 평가를 내리고 싶다.

산이 하룻밤 사이에 훌쩍 컸다/ 밤이 길러낸 수확이다 〈열꽃〉

이 잠언은 뜻밖의 정경이다. 뜻밖의 정경은 비논리적이며 비결정적인 세계관에서만 가능하다. 그것은 세계와 대상에 대하여 내리는 시인의 감성적 진단이며 새로운 시선인 셈이다. 롤랑 바르트Roland Barthes에 의하면 예술의 첫 번째 자질이 바로 뜻밖의 정경이다. 산이 하룻밤 사이에 어찌 클 수 있는가. 그런데 시인은 능청스럽게 그 원인을 '밤이 길러낸 수확'이라고 못 박고 있다. 대체 무슨 소린가? 산을 훌쩍 키운 '밤'은 질문과 숙고의 시간을 환유하며, 고통스런 성찰을 통하여 인격의 전환을 이루어낸 상황을 대면한다. 그러므로 산이 훌쩍 컸다는 이 돌발적 진단은 바로 시인의 사유력의 증강이나 돌연한 깨달음을 뜻한다고 할 수 있다.

울음의 결정체는 꽃이 되었다 〈꽃말에 부쳐〉

터져나오는 울음과 풀의 가장 높은 꼭대기에서 피는 꽃은 정서적 일치감을 느끼게 한다. 꽃은 절정인 동시에 아픔이기 때문이다. 그것은 프로이트의 출생외상 Birth-trauma 이론을 떠오르게 한다. 장자가 말하는 '풀과 나무는 성내며 나온다'草木怒生는 성찰도 마찬가지다.

울음 또한 절정인 동시에 아픔이 아닌가? 그러나 생각해보라. 그 울음과 절정은 결국 생명의 탄생으로 이어지지 않는가. 시의 출현도 이와 다르지 않을 것이다. 따라서 시인이 함의한 '결정체'의 속뜻 역시 그렇게 읽힌다.

〈달동네는 달이 먼저 와 산다〉

 비극을 희화한 이 잠언은 에스프리가 넘친다. 갈등과 어둠의 상징인 '달동네'가 충만한 빛의 공간으로 전복적 반격을 이루기 때문이다. 몇몇 작품에 셋집살이의 고단한 경험이 묻어 있지만, 사실 인간은 자연에 세 들어 사는 자들에 지나지 않는다. 이런 정서는 일찍이 면앙정 송순宋純이……나 한 칸 달 한 칸에 청풍 한 칸 맡겨두고 강산은 들일데 없으니 둘러두고 보리라……고 노래했던 그 감성과도 다르지 않다. 이 잠언에서 자연과 인간, 시인과 오브제 사이의 경계가 무너져 대상과 시인이 하나로 절대교감을 이룬 경지를 보는 이유다.

3. 질문들

질문을 사유의 경전이라고 정의한 철학자가 있다. 질문에 대해 이토록 멋진 처방전을 내린 사람은 하이데거다. 나는 시를 쓰면서 끊임없이 질문하는 버릇이 있다. 아니 어느 땐 질문이 그대로 시가 된 경험도 있다. 나는 질문의 유무가 성숙한 인격을 가르는 준거라고 확신한다.

공자가 하루 세 번 자신을 성찰한 것一日三省吾身이나 파블로 네루다Pablo Neruda가 『질문의 책』을 쓴 의도는 다르지 않다. 질문으로부터 어둠을 비추어 인류를 구한 성현들의 명구들이 나왔으며, 우연한 질문이 우주의 역사를 바꾼 과학적 발견이 되기도 하였다. 시도 그렇다. 사소한 질문으로부터 한 편의 시가 출현하기 때문이다.

고깔을 쓴 남자의 머리에 까치가 앉았어
사람을 찾는 것일까
횡단보도를 건너는 사람들을 유심히 바라보네

남자도 누군가를 기다린 듯했어
충혈된 눈을 부릅뜨면
전조등을 켠 차들은 어디론가 쏜살같이 달아나고

한 사내가 다가와 푸른 고시원의 연락처를
남자의 배꼽에 붙여 놓고 골목으로 사라졌어
고딕체로 인쇄된 지게차가 허리를 감싸 안았고

하숙집 번호들이 눈에 띄었어

거리의 중개소가 된 남자는
어지럽게 몸에 입력된 숫자를 외우다 지쳤는지
기침만 쏟아놓았어

어스름마저 깊은 밤으로 숨어들고
잠을 잊은 남자는
일터가 된 건널목을 벗어나지 못하고
누군가를 기다리며 서 있네

손에 쥔 일탈을 몽돌이 되도록
만지작거리는 남자를 떠올리며
나는
머그잔에 물을 따르고

몇 차례 울던 저녁 까치는 보이지 않았어

〈불면증〉 -신호등-

 시적 담론은 일상의 담론과 전혀 다르다. 일상의 담론이 사전적 의미의 진술인데 반하여, 시적 담론은 설명이 제거된 함축의 진술이기 때문이다. 말하자면 좋은 시인은 설명이나 넋두리와 결별한 사람이다. 시가 일상의 진술에 비하여 난해하게 느껴지는 건 당연하다. 시인은 세계와 오브제에 대하여 자기만의 의미를 부여하여 새롭게 호명하는 사람이기 때문이다.

 이 시는 시적 담론이 무엇인지 잘 보여주고 있다. 이 작품에 등장하는 '남자'는 '신호등'이다. 시인은 홀연 그 신호등을 '기다림'과 '입력된 숫자를 외우는' 남자로 바꿔놓았다. 그리고 '기침'을 하며 '잠을 잊은 남자'로 일대 변신을 꾀하고 있다. 한낱 신호등에게 아주 특별한 의미를 부여하며, 신호등의 실존적 가치를 전복한 사건이 바로 이 시의 가치인 셈이다.

 종이상자처럼 가벼워 보이는
 직사각형의 그 집에는
 젊은 여자의 새된 소리가 비어져 나오고
 슬리퍼를 끌고 현관을 박차고 나온
 여자의 남자가
 축축한 공기로 가라앉은 집을 맴돈다

 언덕을 오르는 동안
 흐느낌으로 변한 여자의 휘어진 곡조가
 한 겹씩 흘러내려 걸음을 늦추게 한다

 생의 한 고비를 울음으로 넘기면
 끝내는 희미한 노래로 남을 것이다

노란 별꽃을 하늘에 밀어 올린 개나리가
여린 잎사귀를 내밀어
봄의 정원을 푸르게 하고
구부정한 수은등이
은밀하게 날벌레를 불러 모으고 있다

몸에 닿기만 하면 쓰라렸던 지난날의 바람을
한 움큼 손바닥으로 비비며
손끝으로 골라내는
봄밤,

오늘따라 바람의 촉감이 보드라운 것은
무슨 일일까

〈무슨 일일까〉

 이 작품 역시 마찬가지다. 다만 위 시와의 차이점은 담론의 원리가 드라마적 진술로 이루어진 점이다. '무슨 일'이란 함의는 의문과 함께 사건의 전조를 강력하게 암시한다. 그 사건은 젊은 여자와 나를 갈등의 삼각형으로 만드는 '여자의 남자'가 꼭지점에 놓여지면서 시작된다.
 갈등의 진폭이 예사롭지 않다는 것은 '휘어진 곡조'나 '생의 한 고비'가 지니고 있는 '울음'의 폭발성 때문이다.

그런데 이 비극적 국면은 더 이상 증폭되지 않는다. '노란 별꽃'의 등장과 함께 출현하는 푸른 '정원'이나 '날벌레'로 하여, 국면은 크게 전복되기 때문이다. 그것이 '봄밤'이 지닌 생명력이다. 그리고 이 생명의 본질이 바로 여성성이다. 페미니즘은 본디 이처럼 '보드라운 것'이기 때문이다.

바람이 그림자를 지우고 하늘의 해를 지웠다
황색의 먼지를 뒤집어쓰고 찾아온 바람이
공원에 한바탕 심술을 부려놓고서 먼지 가득한
입술로 나뭇가지를 물고 늘어선다
막 꽃잎이 틔기 시작한 목련봉오리가
빛살을 빨아들인 우듬지에 매달려
겹겹의 속살을 움츠리는 시간
서너 마리의 비둘기는 부력浮力으로 들뜬 가슴에
시간의 인자를 채우고 공원 한구석을 돌고 있다
아기 불가사리 같은 발간 발가락들
땅을 디디면서도 좀처럼 흑색으로 변하지 않는다
어디서 발가락을 세 개나 잃었을까
기우뚱거리는 어긋난 몸뚱이에 오래된 벽처럼 균열이 생겼어도
굶주린 배를 채우기에 여념이 없다
절뚝거리며 걸음을 옮길 때마다 기울어지는 공원 한 쪽
공중을 날아도 땅을 딛고 살아야 한다는 깨달음을
어미의 뱃속에서 울음으로 기억에 두었는지
움직이는 것들의 방해를 받지 않는 한 날개는 좀처럼 펴지 않는다

꾸꾸꾸 꾸욱 꾹꾹꾹
날개 속에 숨겨둔 울음은 가끔씩 우울한 잿빛털이 행간을 덮고
다시 땅바닥에 입질을 해대며 공원을 돌고 있다
일정한 시행을 건너뛰면서도
거룩한 식사는 온종일 계속될 것이다

〈거룩한 식사〉

 이 시의 주인공은 '비둘기'다. 그것도 발가락을 잃고 기우뚱거리는 불구의 비둘기다. 어쩌면 '날개 속에 숨겨둔 울음'으로 묘사된 저 비둘기는 시인 자신의 모습인지도 모른다. 애써 비둘기의 어떤 일상을 기록하는 방식을 취하고 있으나, 이미 우리 삶의 모습 속에 투사된 인간의 모습을 기억하기 때문이다. 아니 비둘기의 어떤 모습에서 자신과 감정이입이 이루어진 건 아닐까. 시인은 살기 위한 노동, 살아남기 위한 투쟁을 '거룩한 식사'로 해석하고 있다. 이 점을 주목할 필요가 있다. 현실적 부적응이나 마찰은 불구의 모습으로 대치되기 때문이다. 시인에게 '거룩한 식사'는 무엇일까. 시쓰기 행위가 그것은 아닐까.

4. 장혜영 시인

 장혜영 시인은 나와 비슷한 시기를 살아왔을 뿐 아니라, 고향도 나와 멀지 않은 농촌이다. 장혜영 시인은 나와 사제 관계라기보다는 차라리 시의 도반道伴에 가깝다. 시인을 안 지가 짧지 않건만 나는 아직도 시인을 잘 모른다. 아니다, 그가 세속에 오염되지 않은 성품의 소유자일 뿐 아니라, 세상과 잘 어울리지도 못하는 사람이란 걸 알고 있다. 나에게 장 시인은 늘 저쪽에, 그늘진 모퉁이 뒤쪽에 서 있다간 그림자만 남기고 사라진 사람처럼 느껴진다.

 장 시인의 세 번째 시집 간행을 진심으로 축하한다. 그동안 거센 세파에 휩쓸리거나 건강상 위기를 겪기도 하였으나, 장 시인은 그 모든 어려움을 이겨냈다. 때가 묻지 않아 세상과 불화를 일으키는 장 시인에게 오랜만에 박수와 격려를 보낸다. 여기 사족처럼 시해설을 덧붙이면서, 섬세하고 순결한 시인의 영혼에 경의를 표한다.

후기

 언젠가부터 익숙한 언어들이 낯설어 숨어 들어온 피난처가 시의 세계였다. 그곳은 숨을 쉴 수 있는 유일한 공간이었다. 거기에서 그리는 시의 언어는 춥고 어두웠다. 빛이 사라진 곳에서 빛을 떠올리며 무위無爲의 시위를 했다. 시위를 하면 할수록 시의 껍질은 단단해져 실체를 순순히 보여주지 않았다.
 절차나 형식을 버리고 대상과 일체감을 느껴야 되겠기에 한 걸음씩 걸어 나오며 적극적으로 그의 손을 잡았다. 방법을 바꾸면, 그는 빠른 속도로 달려와 달콤한 말들을 폭발적으로 쏟아놓을 거라 믿었다. 그러나 그는 몸을 사리고 쉽게 오지 않았다. 그럴 땐 어딘가에서 끊어진 울음의 기억을 끌고 와 글을 쓴다.
 내가 쓰는 눈물은 본능적인 욕구를 채우려는 아이의 울음과 닮아 있다. 허기와 갈증이 내재된 그 소리엔 뭔가 비어 있는 듯 하면서 채워져 있고, 채워져 있는 듯 하면서 비어 있다. 외침에 가까운 고백이 위로와 떨림으로 번진 게 아닐까.
 시의 실체는 화려하고 찬란했으면 좋겠다는 생각을 끊임없이 하면서, 시의 화법을 종종 바꿔 나는 동화에 적용한다. 울음과 웃음의 화법을 바꾸고, 기쁨과 슬픔의 화법도 바꾸고, 분노와 절제의 화법도 바꾼다. 순간이나마 숨을 돌리는 이런 행위가 문학을 형상화하는데 도움이 된다.

시를 온전히 사랑한 사람은 그를 더 이해해줬을 것이다. 인격을 갖춘 시가 어찌 그런 사랑을 거부할 수 있을까. 그가 나에게 덥석 오지 않은 것은 내 사랑이 부족한 탓이다.

어머니가 몹시 보고 싶다. 어머니가 지어주신 밥 냄새가 그립다. 어머니를 보내드리고 한동안 시간이 멈추었다. 그때 곁에 있어준 시들을 정리하면서 울컥울컥 쏟아지는 울음을 문자에 기대었다.

이제 조심스럽게 세상 밖으로 책을 내민다. 이 시집이 한때 길을 잃고 헤매었을 이들에게, 지금도 갈 길을 잊은 이들에게, 작은 힘이 되었으면 한다.

끝으로 가르침에 한참 부족한 제자의 글을 외면하지 않으시고 시평을 써주신 시인 이경교 교수님, 때때로 안부전화를 주시는 소설가 채길순 교수님, 외로울 땐 공부하라고 하신 고인故人이 된 오태옥 일본어 선생님, 너는 할 수 있다. 참고 견디면 좋은 날이 올 거라며 용기를 주신 은사인 이진구 선생님, 이 분들께 고개 숙여 감사드린다.

2022년 9월

장 혜 영

거룩한 식사 　　　　　　　　장혜영 시집

제 1쇄 인쇄 2023년 3월 8일
제 1쇄 발행 2023년 3월 10일

지은이　장혜영
펴낸이　조세정
펴낸곳　북베베
주소　　경기도 고양시 덕양구 도래울로 85, 205동 404호
전화　　031 967 7690
팩스　　0303 0953 7766
이메일　bookbebepublisher@gmail.com
등록　　2014년 3월 4일 제2014-000145호

ISBN 979-11-950961-3-8

* 이 책의 판권은 저자와 북베베 출판사에 있습니다.
* 저자와 북베베 출판사의 동의 없는 무단 전재 및 복제를 금합니다.
* 잘못 만들어진 책은 바꾸어드립니다.
* 이 도서의 글씨체는 안심글꼴을 사용하였습니다.
　무료글꼴 문체부, 한국출판인회의 KoPubWorld 바탕체 L
　무료글꼴 마포구, Mapo금빛나루